PREMIERS
EXERCICES ORTHOGRAPHIQUES,

OU

INTRODUCTION

A LA GRAMMAIRE THÉORIQUE,

à l'usage

Des Écoles primaires élémentaires,

Par J. TAICLET,

AUTEUR DE LA CITOGRAPHIE,

Méthode approuvée par le Conseil royal de l'instruction publique.

Prix : cartonné, 0^f, 30.

A METZ,

Chez MM. Gerson-Lévy et Alcan, libraires ;
Et chez l'Auteur, rue de la Monnaie, 2.

1843.

Jeunes élèves,

Lisez très-lentement chaque mot avant de le copier, et remarquez bien les lettres qui le composent; cherchez et comptez, en le lisant, le nombre de syllabes qu'il contient, et examinez de quelles lettres sont formés les *sons* que vous entendez, car le même son peut s'écrire différemment. Les sons *è, eu, au,* s'écrivent chacun de *trois* manières; exemples :

è	ei	ai
e	eu	œu
ó	au	eau

Les sons *in, an, un, on,* s'écrivent aussi de plusieurs manières ; exemples :

in	im	yn	ym	ain	aim	ein
an		am		en		em
un		um		eun		
on		om				

Si vous entendez une des consonnes, *b, c, d, f, g, l, m, n, p, r, s, t,* regardez bien si elle est simple ou double, c'est-à-dire s'il y en a une ou deux ensemble, et soulignez la seconde, dès qu'on l'exigera de vous, comme cela est fait pour le mot abbé.

Vous parviendrez ainsi à copier vos mots bien et facilement ; vous pourrez ensuite les *épeler,* et même les écrire sous *la dictée,* sans faire de fautes.

Nota. Les parents qui aident leurs enfants à faire les devoirs de classe, feront bien de consulter la partie de notre livre destinée aux maîtres.

Imp. de HUMBERT.

PREMIERS EXERCICES ORTHOGRAPHIQUES.

1er Chapitre.

MOTS USUELS.

1re SÉRIE.

Terminaisons en A, É, I, O, U, sonores.

1.

papa.

abbé.
péché.
évêché.
charité.
pitié.
marché.
échaudé.

2.

abrégé.
moitié.
blé.
carré.
pré.
degré.
fossé.
adversité.

A.

sopha.

É.

capacité.
autorité.
célébrité.
cité.
civilité.
clarté.
comité.

côté.
difficulté.
été.
extrémité.
faculté.
familiarité.
formalité.
infinité.

3.

pli.
défi.
établi.
ami.
épi.
abri.
canari.
céléri.
cri.

4.

coco.
domino.
écho.

écu.
fichu.

I.

pari.
souci.
merci.
apprenti.
parti.
colori.
appui.
ennui.
étourdi.

O.

numéro.
piano.
zéro.

U.

résidu.
vertu.

2e SÉRIE.

Terminaisons en **C, F, L, P, Q, R, T,** *sonores.*

5.

bac.
cornac.
lac.
sac.
arc.
parc.
bec.

C, Q.

pic.
trafic.
accroc.
bloc.
choc.
roc.
coq.

6.

chef.
nef.
grief.
cerf.
nerf.
cap.

F, P.

bœuf.
œuf.
canif.
juif.
motif.
cep

7.

appel.
autel.
colonel.
criminel
dégel.
duel.
filleul.
tilleul.
fil.
baril.

L.

chenil.
fusil.
gril.
outil.
péril.
sourcil.
poil.
conseil.
soleil.
manuel.

8.

belveder.
fer.
mer.
ver.
auteur.
brasseur.
chasseur.

R.

chicaneur.
cœur.
chœur.
confiseur.
connaisseur.
contrôleur.
corroyeur.

9.

couleur.
couvreur.
cultivateur.
traiteur.
voltigeur.
défenseur.
dégraisseur.
docteur.
emballeur.
entrepreneur.
erreur.
facteur.
faveur.

R.

lueur.
malheur.
nageur.
odeur.
professeur.
précepteur
percepteur.
prédicateur.
procureur.
querelleur.
questionneur.
raisonneur.
ramoneur.

10.

faucheur.
fleur.
fournisseur.
fossoyeur.
frayeur.
graveur.
imprimeur
ingénieur.
laboureur.
lenteur.
liqueur.
inventeur.

relieur.
répétiteur.
rigueur.
sapeur.
scieur.
sculpteur.
sonneur.
sœur.
sueur.
tanneur.
tapageur.
tourneur.

11.

	R, T.
désir.	trésor.
loisir.	mur.
martyr.	abreuvoir.
plaisir.	arrosoir.
déplaisir.	battoir.
repentir.	abattoir.
soupir.	boudoir.
souvenir.	comptoir.
or.	crachoir.
cor.	décrochoir.
castor.	désespoir.
corridor.	dévidoir.
major.	espoir.

12.

devoir.	pressoir.
dortoir.	rasoir.
dressoir.	reposoir.
encensoir.	réservoir.
entonnoir.	soir.
éteignoir.	tiroir.
grattoir.	trottoir.
lavoir.	fat.
miroir.	granit.
mouchoir.	but.
ostensoir.	luth.
ouvroir.	tact.
parloir.	contact.

5ᵉ SÉRIE.

Mots terminés par un E muet.

13.

établ **e.**	plac **e.**	oracl **e.**
fable.	préface.	tabernacle.
sable.	race.	spectacle.
table.	surface.	diacre.
sabre.	terrasse.	fiacre.
audace.	classe.	acte.
bécasse.	grâce.	accolade.
chasse.	disgrâce.	balustrade.
cuirasse.	espace.	brigade.
face.	tasse.	camarade.
masse.	tache.	cavalcade.
menace.	tâche.	croisade.
paillasse.	obstacle.	esplanade.

14.

estrade.	âge.	équipage.
façade.	apprentissage.	esclavage.
marmelade.	assemblage.	feuillage.
palissade.	attelage.	fourrage.
pommade.	avantage.	gaspillage.
promenade.	blanchissage.	griffonnage.
salade.	branchage.	image.
cadre.	breuvage.	jambage.
agrafe.	chauffage.	laitage.
calligraphe.	cirage.	langage.
carafe.	dommage.	ménage.
orthographe.	emballage.	naufrage.
télégraphe.	enfantillage.	ombrage.

15.

orag **e.**	campagn **e.**	marrain **e.**
outrage.	compagne.	migraine.
ouvrage.	montagne.	mitaine.
passage.	bague.	plaine.
pâturage.	aubaine.	porcelaine.
paysage.	baleine.	semaine.
raccommodage.	capitaine.	peine.
rivage.	centaine.	reine.
suffrage.	chaîne.	veine.
témoignage.	dixaine.	abécédaire.
treillage.	domaine.	affaire.
usage.	douzaine.	apothicaire.
visage.	fontaine.	bibliothécaire.
voisinage.	graine.	chaire.
voyage.	laine.	commissaire.

16.

commissionnaire.	aise.	gamme.
dictionnaire.	braise.	lame.
fonctionnaire.	chaise.	rame.
grammaire.	fraise.	blâme.
libraire.	punaise.	flamme.
locataire.	balle.	crampe.
maire.	capitale.	estampe.
militaire.	cathédrale.	lampe.
missionnaire.	cigale.	rampe.
notaire.	malle.	trempe.
pensionnaire.	salle.	exemple.
secrétaire.	scandale.	temple.
séminaire.	tymbale.	absence.
solitaire.	jambe.	anse.
vicaire.	femme.	apparence.

17.

assuranc **e.**
dimanche.
manche.
planche.
tranche.
encre.
amande.
amende.
commande.
offrande.
viande.
cendre.
gendre.
cabane.
canne.

chican **e.**
tisane.
ange.
archange.
grange.
angle.
sangle.
langue.
banque.
descente.
patente.
pente.
plante.
rente.
vente.

étap **e.**
grappe.
nappe.
tape.
attaque.
baraque.
plaque.
barbe.
marbre.
démarche.
patriarche.
barre.
guitare.
épargne.
arme.

18.

alarme.
gendarme.
larme.
vacarme.
écharpe.
marque.
monarque.
carte.
tarte.
cataplasme.
enthousiasme.
masque.
astre.
cravate.
date.

latte.
natte.
patte.
pàte.
savatte.
emplâtre.
pâtre.
théâtre.
cave.
esclave.
rave.
cadavre.
alcôve.
guimauve.
axe.

taxe.
gymnase.
phrase.
vase.
bêche.
crêche.
dépêche.
pêche.
brèche.
calèche.
flèche.
mèche.
siècle.
architecte.
insecte.

19.

collég **e**.
cortége.
manège.
espiégle.
règle.
châtaigne.
enseigne.
peigne.
règne.
bouteille.
corbeille.
groseille.
merveille.
oreille.
oseille.

treill **e**.
veille.
pêle.
poële.
bagatelle.
bretelle.
cannelle.
cervelle.
chapelle.
citadelle.
dentelle.
échelle.
écuelle.
escabelle.
étincelle.

ficell **e**.
mirabelle.
modèle.
moëlle.
nacelle.
nouvelle
ombrelle.
prunelle.
querelle.
selle.
semelle.
truelle.
vaisselle.
zèle.
baptême.

20.

carême.
poème.
thème.
étrenne.
phénomène.
scène.
alène.
chaine.
faîne.
gêne.
crêpe.
précepte.
gerbe.
traverse.
perche.

cercle.
couvercle.
baptistère.
caractère.
compère.
commère.
confrère.
lingère.
ménagère.
misère.
monastère.
asperge.
auberge.
cierge.
concierge.

messe.
nièce.
pièce.
politesse.
promesse.
richesse.
allumette.
assiette.
baguette.
brouette.
cachette.
cassette.
charrette.
chaufferette.
chaussette.

21.

chemisette.
collerette.
côtelette.
cuvette.
dette.
emplette.
épaulette.
étiquette.
fourchette.
galette.
gazette.
interprête.
lunette.
noisette.
planchette.
recette.
reinette.
serpette.
serviette.
sonnette.
squelette.
tablette.
trompette.
violette.
arrête.
bête.
crête.
fête.
quête.
tête.
tempête.
lettre.
mètre.
fenêtre.
guêtre.
prêtre.
meuble.
rêve.
élève.
fève.
lieue.
queue.
feuille.
portefeuille.
meule.

22.

jeûne.
peuple.
demeure.
beurre.
leurre.
fièvre.
lèvre.
orfèvre.
émeute.
fleuve.
preuve.
œuvre.
manœuvre.
bougie.
compagnie.
appendice.
artifice.
bénéfice.
calice.
caprice.
cicatrice.
complice.
coulisse.
édifice.
épice.
esquisse.
exercice.
indice.
injustice.
notice.
nourrice.
novice.
précipice.
préjudice.
sacrifice.
saucisse.
service.
supplice.
affiche.
corniche.
article.
bride.
guide.
invalide.
pyramide.

23.

aiguière.   jarretière.   chiffre.
bannière.   lisière.   fifre.
barrière.   litière.   tige.
bruyère.   lumière.   digue.
cafetière.   manière.   figue.
carrière.   matière.   intrigue.
chaumière.   ornière.   asile.
cimetière.   paupière.   bile.
clairière.   pépinière.   file.
couturière.   rivière.   ustensile.
crinière.   salière.   ville.
fourmilière.   soupière.   aiguille.
frontière.   souricière.   béquille.
gibecière.   tabatière.   bille.
gouttière.   visière.   charmille.

24.

cheville.   aubépine.   modiste.
coquille.   bottine.   organiste.
famille.   chopine.   ministre.
faucille.   fabrique.   registre.
fille.   musique.   faillitte.
grille.   pratique.   gîte.
lentille.   empire.   guérite.
pastille.   lyre.   épître.
quille.   martyre.   pupitre.
centime.   navire.   convive.
crime.   sourire.   gencive.
lime.   cirque.   lessive.
maxime.   artiste.   cerise.
victime.   dentiste.   chemise.
province.   ébéniste.   entreprise.

25.

friandise.
marchandise.
méprise.
reprise.
sottise.
surprise.
valise.
calomnie.
cérémonie.
globe.
vignoble.
brioche.
pioche.
reproche.
commode.
offre.
coffre.

besogne.
drogue.
courroie.
foie.
joie.
proie.
soie.
voie.
coiffe.
moële.
poële.
armoire.
baignoire.
balançoire.
bassinoire.
écritoire.
écumoire.

foire.
glissoire,
mangeoire.
mémoire.
nageoire.
refectoire,
victoire.
angoisse.
paroisse.
boîte.
cloître.
ardoise.
framboise.
camisole.
casserole.
colle.
école.

26.

virole.
contrôle.
rôle.
saule.
tôle.
récolte.
ombre.
concombre.
nombre.
homme.
astronomie.
royaume.
pompe.
triomphe.
annonce.
réponse.
ronce.

oncle.
rotonde.
seconde.
automne.
colonne.
couronne.
personne.
aumône.
éponge.
mensonge.
ongle.
conte.
comte.
compte.
époque.
amorce.
entorse.

store.
orgue.
uniforme.
bosse.
brosse.
carosse.
cosse.
fosse.
sauce.
poste.
côte.
cartouche.
boue.
joue.
roue.
pantoufle.
soufre.

27.

boule.
étoupe.
groupe.
bourse.
course.
source.
bravoure.
pouce.
secousse.
croûte.
voûte.
ventouse.
pause.
charpie.
copie.
toupie.
bergerie.

blanchisserie.
boiserie.
boucherie.
brasserie.
broderie.
causerie.
écurie.
imprimerie.
librairie.
mairie.
messagerie.
moquerie.
orangerie.
papeterie.
plaisanterie.
prairie.
rêverie.

tuilerie.
verrerie.
vieillerie.
pharmacie.
prophétie.
vessie.
partie.
garantie.
ortie.
bûche.
avenue.
charrue.
entrevue.
revue.
rue.
vue.

28.

pluie.
parapluie.
suie.
bascule.
capsule.
poudre.
pilule.
rhume.
perruque.
balayure.
blessure.
brûlure.
ceinture.
chaussure.
clôture.
coiffure.
confiture.

couverture.
écriture.
lecture.
égratignure.
enflure.
engelure.
fourniture.
gageure.
garniture.
morsure.
nourriture.
ouverture.
peinture.
piqûre.
préfecture.
signature.
teinture.

température.
écluse.
excuse.
lustre.
culbute.
craie.
plaie.
raie.
emploi.
renvoi.
cou.
clou.
coucou.
filou.
sou.
trou.
verrou.

4ᵉ SÉRIE.

Terminaisons diverses régulières.

29.

bain.	artisan.	chant.
dessein.	cadran.	champ.
dessin.	élan.	accident.
écrivain.	ouragan.	commandant.
gain.	pan.	étudiant.
grain.	plan.	négociant.
main.	tympan.	talent.
nain.	van.	arpent.
pain.	volcan.	différent.
sacristain .	banc.	parent.
sein.	étang.	adolescent.
souverain.	flanc.	passant.
terrain.	rang.	instant.
traversin.	gland.	paravent.
crin.	tisserand.	passavant.

30.

appât.	plancher.	citronnier.
dégât.	rocher.	fraisier.
achat.	bouchon.	framboisier.
apparat.	flaçon.	groseiller.
avocat.	maçon.	laurier.
combat.	chardon.	maronnier.
contrat.	cordon.	munier.
magistrat.	champignon.	néflier.
soldat.	oignon.	noisetier.
artichaut.	pignon.	olivier.
assaut.	rognon.	oranger.
défaut.	abricotier.	pêcher.
réchaud.	amandier.	poirier.
bûcher.	cannellier.	pommier.
clocher	cerisier.	prunier.
cocher.	châtaignier.	rosier.

31.

armurier.
arquebusier.
artificier.
aumônier.
banquier.
barbier.
batelier.
bijoutier.
bonnetier.
bottier.
caissier.
canonnier.
carossier.
cartonnier.
cavalier.
chapelier.
charbonnier.
charcutier.
charpentier.
charretier.
chaudronnier.
cloutier.
cordier.
cordonnier.
coursier.
coutelier.
cuirassier.
douanier.
drapier.
écuyer.
faïencier.
fermier.
fusilier.
gantier.
geôlier.
greffier.
grenadier.
infirmier
jardinier.
joailler.
journalier.
lancier.
lanternier.
limonadier.
manufacturier.
marguillier.
menuisier.
mercier.
meunier.
miroitier.
officier.

32.

papetier.
passementier.
pâtissier.
pelletier.
perruquier.
poëlier.
pontonnier.
potier.
quincaillier.
roulier.
sabottier.
sellier.
serrurier.
tapissier.
terrassier.
tonnelier.
vannier.
verrier.
vitrier.
voiturier.
atelier.
balancier.
bélier.
bénitier.
cahier.
cellier.
chandelier.
chantier.
collier.
colombier.
coquetier.
dossier.
escalier.
espalier.
gosier.
métier.
mobilier.
panier.
papier.
pilier.
saladier.
soulier.
sucrier.
tablier.
calendrier.
cendrier.
épinglier.
marbrier.
peuplier.
poirier.
vinaigrier.

33.

bassin.	jasmin.	venin.
brodequin.	lin.	voisin.
bulletin.	magasin.	appétit.
burin.	marin.	crédit.
calepin.	médecin.	débit.
casaquin.	moulin.	délit.
chagrin.	orphelin.	dépit.
chemin.	pépin.	écrit.
clavecin.	picotin.	esprit.
cousin.	pin.	nid.
coussin.	poussin.	profit.
crin.	raisin.	récit.
dauphin.	ravin.	bataillon.
escarpin.	sapin.	bouillon.
fantassin.	thym.	brouillon.
gradin.	tocsin.	échantillon.
jardin.	traversin.	tourbillon.

34.

déjeûner.	bond.	cahot.
dîner.	pont.	coquelicot.
goûter.	fond.	écot.
souper.	gond.	fagot.
adjoint.	plafond.	gigot.
point.	front.	lot.
embonpoint.	assaut.	pot.
doigt.	galop.	rabot.
droit.	sirop.	sabot.
endroit.	accord.	coup.
exploit.	bord.	bout.
froid.	port.	goût.
surcroit.	tort.	ragoût.
toit.	effort.	pompon.
nom.	raifort.	bûcheron.
prénom.	rapport.	chaudron.
surnom.	ressort.	citron.

Mots terminés par ION.

35.

abréviation.
accusation.
acquisition.
action.
admission.
adoption.
affliction.
addition.
application.
apparition.
approbation.
arrestation.
aspersion.
caution.
cession.
collection.
composition.
concession.
confession.
condamnation.
congrégation.
construction.
contribution.
convention.
convulsion.
conversation.
correction.
conviction.
décision.
démission.
description.
dimension.
discussion.
distinction.
dissension.
distraction.
édition.
élection.
évolution.
exception.
exclusion.
explosion.
expédition.
exposition.
expression.
expulsion.
génuflexion.
illusion.

36.

impression.
indécision.
indigestion.
indisposition.
inscription.
intention.
interruption.
interrogation.
inondation.
mission.
multiplication.
notion.
occasion.
omission.
opinion.
pension.
permission.
pétition
population.
portion.
position.
prédiction.
prédication.
prétention.
prévention.
procession.
profession.
proposition.
provision.
punition.
question.
ration.
réflexion
relation.
religion.
révolution.
section.
session.
signification.
situation.
souscription.
soustraction.
station.
subvention.
succession.
superstition.
supposition.
suppression.

Mots terminés en *MENT.*

37.

aboiement.   assortiment.   compliment.
abonnement.   attouchement.   débordement.
accommodement.   avancement.   dédommagement.
acquittement.   avertissement.   défrichement.
adoucissement.   baillement.   dégagement.
agrément.   bâtiment.   déguisement.
alignement.   battement.   délassement.
aliment.   bombardement.   déménagement.
allongement.   cautionnement.   département.
amendement.   changement.   déplacement.
appartement.   chargement.   dérangement.
applaudissement.   châtiment.   désagrément.
arrangement.   chatouillement.   divertissement.
arrondissement.   commencement.   éboulement.
assaisonnement.   compartiment.   éclaircissement.

38.

écoulement.   éternuement.   mouvement.
écroulement.   évanouissement.   ornement.
élément.   événement.   payement.
embarquement.   fragment.   pansement.
embélissement.   frottement.   raffraîchissement.
emménagement   gémissement.   raisonnement.
empêchement.   gouvernement.   rapprochement.
emplacement.   instrument.   régiment.
encombrement.   jugement.   réglement.
encouragement.   logement.   remercîment.
engagement.   mandement.   remplacement.
enrouement.   médicament.   renseignement.
enseignement.   ménagement.   ressentiment.
enterrement.   miaulement.   rétablissement.
établissement.   maniement.   sentiment.

Mots terminés par deux EE.

39

Masculin.

athée.	musée.	camée.
lycée.	trophée.	empyrée.
mausolée.	apogée.	périgée.
morphée.	coryphée.	cétacée.

Féminin.

allée.	brassée.	couvée.
année.	brisée.	croisée.
araignée.	brouettée.	destinée.
armée.	charrée.	diarrhée.
arrivée.	charretée.	dictée.
assemblée.	chaussée.	dragée.
assiétée.	cheminée.	durée.
becquée.	chicorée.	entrée.
beurrée.	contrée.	épée.
bouchée.	corvée.	fricassée.
bouffée.	coudée.	fumée.

40.

fusée.	cuillerée.	guinée.
gelée.	denrée.	hottée.
giroflée.	nichée.	purée.
idée.	nuée.	renommée.
jetée.	ondée.	rentrée.
journée.	onglée.	rosée.
levée.	pellée.	soirée.
livrée.	pensée.	saignée.
lignée.	pesée.	tournée.
marée.	pincée.	tranchée.
matinée.	plumée.	trachée.
mêlée.	poignée.	traversée.
montée.	poirée.	vallée.
mosquée.	portée.	veillée.
nausée.	poupée.	volée.

Mots terminés par S, X, Z.

41.

engrais.	cas.	cyprès.
français.	cervelas.	excès.
laquais.	chasselas.	mets.
legs.	compas.	procès.
marais.	échalas.	progrès.
palais.	embarras.	succès.
relais.	lilas.	avis.
sens.	matelas.	châssis.
temps.	pas.	commis.
as.	repas.	croquis.
amas.	taffetas.	débris.
bas.	verglas.	fils.
bras.	pays.	lys.
cabas.	abcès.	glacis.
cadenas.	accès.	lambris.
canevas.	congrès.	logis.

42.

panaris.	enclos.	abus.
surplis.	propos.	refus.
tamis.	os.	bois.
tapis.	cours.	bourgeois.
treillis.	concours.	chamois.
vernis.	discours.	fois.
vis.	secours.	mois.
corps.	velours.	patois.
mors.	pouls.	poids.
remords.	bius.	pois.
dos.	puits.	villageois.

faux.	salsifix.	croix.
crucifix.	lynx.	noix.
prix.	choix.	voix.

gaz.	nez.	riz.

Mots terminés par *AU, EAU.*

43.

agneau.	ciseau.	lambeau.
anneau.	château.	hameau.
arbrisseau.	copeau.	manteau.
bandeau.	cordeau.	marteau.
barreau.	coteau.	morceau.
bateau.	cuveau.	museau.
bédeau.	drapeau.	niveau.
berceau.	eau.	noyau.
blaireau.	écheveau.	oiseau.
boisseau.	écriteau.	ormeau.
boyau.	fardeau.	peau.
bureau.	flambeau.	pinceau.
cadeau.	fléau.	plateau.
carreau.	fourneau.	porreau.
cerveau.	fourreau.	préau.
chapeau.	gâteau.	pruneau.

44.

rateau.	seau.	trétau.
rameau.	sceau.	troupeau.
réseau.	tableau.	trousseau.
rideau.	tombeau.	tuyau.
rouleau.	tombereau.	vaisseau.
roseau.	tonneau.	veau.
ruisseau.	traîneau.	vermisseau.

Mots terminés par *EU, OU.*

adieu.	feu.	moyeu.
aveu.	jeu.	neveu.
cheveu.	lieu.	pieu.
essieu.	milieu.	vœu.
chou.	genou.	pou.
caillou.	joujou.	hibou.
bijou.	(Ces sept seulement prennent un x au pluriel.)	

Mots terminés par *AL, AIL.*

45.

amiral.	cheval.	mal.
animal.	confessionnal.	maréchal.
arsenal.	cristal.	métal.
bocal.	étal.	piédestal.
canal.	général.	principal.
capital.	hôpital.	signal.
caporal.	journal.	total.
cardinal.	local.	tribunal.
bail.	én.ail.	travail.
corail.	soupirail.	ventail.

46. *Mots terminés par EUR.*

accusateur.	empereur.	opérateur.
acteur.	exécuteur.	ordonnateur.
adorateur.	inspecteur.	persécuteur.
bienfaiteur.	instituteur.	propagateur.
calculateur.	moniteur.	protecteur.
correcteur.	lecteur.	réformateur.
débiteur.	libérateur.	réparateur.
destructeur.	médiateur.	spectateur.
dévastateur.	narrateur.	testateur.
directeur.	observateur.	usurpateur.

47. *Jeunes élèves,*

Vous savez qu'il n'est pas bien de dire **une** frère, **un** sœur, **la** crayon, **le** plume, **cette** livre, **ce** table, et qu'il faut dire : **un** frère, **une** sœur, **le** crayon, **la** plume, **ce** livre, **cette** table. Vous voyez qu'il est important de savoir lequel de ces petits mots il convient de placer devant un autre appelé *nom.* Aussi allez vous récrire les mots que vous avez déjà copiés, en mettant devant chacun ; 1° *un* ou *une* ; 2° *le* ou *la* ou *l'* ; 3° *ce* ou *cet* ou *cette.* (Quand vous serez embarrassés, recourez aux pages 26 et 31.)

Pour réussir dans cet exercice, lisez chaque mot tout bas et consultez votre oreille : elle seule peut vous dire si c'est *un* ou *une* qu'il faut placer devant.Quand vous douterez, ne mettez **rien** : attendez les conseils de votre maître.

Nota. Ne rien faire mettre au pluriel et au féminin avant que les élèves aient copié le livre entier, le verbe *être* excepté.

48. **PRÉNOMS.**

De garçons. De filles. De garçons. De filles.

De garçons.	De filles.	De garçons.	De filles.
Adolphe.	Delphine.	Félix.	Félicité.
Adrien.	Adrienne.	François.	Françoise.
Albert.	Albertine.	Frédéric.	Frédérique.
Alexandre.	Alexandrine.	Gabriel.	Gabrielle.
Alphonse.	Alphonsine.	Georges.	Georgette.
Antoine.	Antoinette.	Henri.	Henriette.
Auguste.	Augusta.	Jean.	Jeannette.
Augustin.	Augustine.	Joseph.	Joséphine.
Charles.	Charlotte.	Jules.	Julie.
Clément.	Clémentine.	Léopold.	Léopoldine.
Constant.	Constance.	Louis.	Louise.
Emile.	Emilie.	Octave.	Octavie.
Ernest.	Ernestine.	Paul.	Pauline.
Etienne.	Stéphanie.	Philippe.	Philippine.
Eugène.	Eugénie.	Victor.	Victorine.

49. *Prénoms de garçons.*

Alexis, Alfred, Ambroise, Anatole, André, Antonin, Armand, Arnold, Arthur, Baptiste, Barthelemy, Basile, Benjamin, Benoît, Bernard, Boniface, Camille, Casimir, Christophe, Claude, Constantin, Cyprien, Daniel, David, Denis, Didier, Dominique, Edmond, Edouard, Ferdinand, Gaspard, Germain, Gervais, Gustave, Hippolyte, Hubert, Ignace, Isidore, Jacques, Jérôme, Laurent, Lucien, Marc, Martin, Mathieu, Maurice, Michel, Nicolas, Philibert, Richard, Robert, Rodolphe, Samuel, Simon, Stanislas, Théodore, Théophile, Thomas.

Prénoms de filles.

Adèle, Adelaïde, Agathe, Amélie, Anne, Berthe, Camille, Catherine, Cécile, Claire, Dorothée, Eléonore, Elisa, Elisabeth, Emma, Esther, Euphrasie, Euphrosine, Fanny, Géneviève, Hélène, Laure, Madeleine, Marguerite, Marie, Mélanie, Rosalie, Sophie, Thérèse.

2ᵉ CHAPITRE.

ARTICLES.

50.

Masculin singulier.	*Féminin singulier.*	*Pluriel des 2 genres.*
le,	la,	les.
du,	de la,	des.
au,	à la	aux.

Exemples :

le père,	la mère,	les enfants.
du pain,	de la crème,	des fraises.
au village,	à la ville,	aux champs.

51.

Mettez seulement **l'** au lieu de **le, la,** devant les mots qui commencent par les voyelles **a, e, i, o, u,** ou par **h** muet.

Exemples :

l'arbre,	l'épée,	l'image.
l'oreille,	l'union,	l'herbe.

52.

UN, UNE.

un canari,	une linotte,	une hirondelle.
un habit,	une épingle,	une armoire.

Mettez **du, de la** ou **de l'** au lieu de **un, une,** devant certains mots.

Exemples :

du vin,	de la bière,	de l'argent.
du courage,	de la prudence,	de l'eau.
du zèle,	de la bonté,	de l'oseille.

Nota. Il est bien plus facile aux élèves de trouver s'il faut mettre **un** ou **une** devant un mot, que **le** ou **la.**

3e Chapitre.

ADJECTIFS QUALIFICATIFS.

53. 1re SÉRIE.

aimable
honnête
agréable.
aveugle.
affable.
admissible.
estimable.
esclave.
habile.
utile.
inutile.
humble.
sensible.
insensible.

docile.
indocile.
infaillible.
incapable.
brave.
coupable.
faible.
jeune.
fidèle.
juste.
blâmable.
charitable.
tranquille.
difficile.

illisible.
corrigible.
admissible.
disponible.
libre.
timide.
mobile.
mince.
infatigable.
infirme.
triste.
sobre.
robuste.
colère

54. 2e SÉRIE.

absent.
adroit.
exact.
exempt.
exigent.
excellent.
élégant.
obligeant.
obéissant.
intelligent.
ignorant.
innocent.
imprudent.
ingrat.
impatient.
inexact.

indifférent.
content.
petit.
savant.
présent.
prudent.
négligent.
délicat.
méchant.
indulgent.
bienveillant.
persévérant.
lent.
grand.
friand.
gourmand.

blond.
laid.
sourd.
brun.
certain.
humain.
vilain.
noir.
sûr.
dûr.
meilleur.
inférieur.
supérieur.
majeur.
mineur.
seul.

55. 3ᶜ SÉRIE.

actif.	vif.	maladif.
attentif.	craintif.	sauf.
inattentif.	pensif.	fautif.
oisif.	captif.	chétif.
inventif.	expéditif.	bref (ève).

56. 4ᵉ SÉRIE.

heureux.	pieux.	désireux.
peureux.	orgueilleux.	dangereux.
vertueux.	gracieux.	chatouilleux.
courageux.	paresseux.	dédaigneux.
généreux.	bienheureux.	nerveux.
ingénieux.	malheureux.	respectueux.
ambitieux.	honteux.	scrupuleux.
rigoureux.	envieux.	soigneux.

57. 5ᵉ SÉRIE.

assis.	gris.	précis.
soumis.	surpris.	mauvais.

58. 6ᵉ SÉRIE.

ami.	assidu.	enrhumé.
ennemi.	connu.	éreinté.
poli.	inconnu.	sensé.
joli.	ému.	zélé.
étourdi.	têtu.	chagriné.
hardi.	bien-vêtu.	rusé.
attendri.	mal-vêtu.	isolé.
chéri.	attendu.	intentionné.
gai.	prévenu.	enroué.
vrai.	entretenu.	modéré.

59. 7ᵉ SÉRIE.

étranger (ère).   premier.   régulier.
cher.   dernier.   irrégulier.
fier.   altier.   journalier.
gaucher.   entier.   particulier.
léger.   familier. mobilier.
ménager.   guerrier. inquiet (ète).
passager.   ouvrier.   discret.
viager.   singulier. prêt.
berger.   forestier. complet.

60. 8ᵉ SÉRIE.

ancien.   cruel.   bon.
italien.   ponctuel.   nul.
gardien.   spirituel.   sol.
actuel.   graduel.   pluriel.
annuel.   personnel.   vermeil.
artificiel. matériel.   tel.
continuel.   mutuel.   mortel.
essentiel.   naturel.   immortel.
éternel.   solennel.   gentil.
formel.   réel.   muet.
fraternel.   superficiel. gros.
paternel.   universel.   gras.
maternel.   pareil.   las.

61. 9ᵉ SÉRIE.

moral.   libéral.   original.
égal.   municipal.   principal.
inégal.   matinal.   national.

ADJECTIFS DÉTERMINATIFS.

1° ADJECTIFS NUMÉRAUX.

62.

un	1	I.	seize	16	XVI.
deux	2	II.	dix-sept	17	XVII.
trois	3	III.	dix-huit	18	XVIII·
quatre	4	IV.	dix–neuf	19	XIX.
cinq	5	V.	vingt	20	XX.
six	6	VI.	vingt-un, etc.	21	XXI·
sept	7	VII.	trente	30	XXX.
huit	8	VIII.	quarante	40	XL.
neuf	9	IX.	cinquante	50	L.
dix	10	X.	soixante	60	LX.
onze	11	XI.	soixante-dix	70	LXX.
douze	12	XII.	quatre-vingts	80	LXXX.
treize	13	XIII.	quatre-vingt-dix	90	XC.
quatorze	14	XIV.	cent	100	C·
quinze	15	XV.	mille	1 000	M.

AUTRES ADJECTIFS NUMÉRAUX.

63.

premier	1er.	dix-septième	17e.
second	2e.	dix–huitième	18e.
troisième	3e.	dix-neuvième	19e.
quatrième	4e.	vingtième	20e.
cinquième	5e.	vingt-unième	21e.
sixième	6e.	trentième	30e.
septième	7e.	quarantième	40e.
huitième	8e.	cinquantième	50e.
neuvième	9e.	soixantième	60e.
dixième	10e.	soixante-dixième	70e.
onzième	11e.	quatre-vingtième	80e.
douzième	12e.	quatre-vingt-dixième	90e.
treizième	13e.	centième	100e.
quatorzième	14e.	millième	1 000e.
quinzième	10e.	millionième	1 000 000e.
seizième	16e.	mil huit cent quarante-trois (1843)	

64. 2° ADJECTIFS DÉMONSTRATIFS.

Masc. sing.	*Fém. sing.*	*Plur. des 2 gen.*
CE, CET.	CETTE.	CES.
ce livre,	cette femme,	ces hommes.
cet homme,	cette plume,	ces femmes.
cet arbre,	cette hache,	ces enfants.

65. 3° ADJECTIFS POSSESSIFS.

Masc. sing.	*Fém. sing.*	*Plur. des 2 gen.*
mon,	ma,	mes.
ton,	ta,	tes.
son,	sa,	ses.
notre,	notre,	nos.
votre,	votre,	vos.
leur,	leur,	leurs.
mon père,	ma mère,	mes frères.
mon crayon,	ma règle,	mes sœurs.

66. 4° ADJECTIFS INDÉFINIS.

Masc. sing.	*Fém. sing.*	*Masc. plur.*	*Fém. plur.*
aucun.	aucune.	aucuns.	aucunes.
certain.	certaine.	certains.	certaines.
le même.	la même.	les mêmes.	les mêmes.
l'autre.	l'autre.	les autres.	les autres.
nul.	nulle.	nuls.	nulles.
quel.	quelle.	quels.	quelles.
quelque.	quelque.	quelques.	quelques.
quelconque.	quelconque.	quelconques.	quelconques.
tel.	telle.	tels.	telles.
tout.	toute.	tous.	toutes.
un autre.	une autre.	d'autres.	d'autres.
chaque.	chaque.		
un.	une.	des.	des.
		quelques.	quelques.
		plusieurs.	plusieurs.

4ᵉ **Chapitre.**

PRONOMS.

1° *Pronoms personnels.*

67.   PREMIÈRE PERSONNE.

je ,   me ,   moi ,   nous.

DEUXIÈME PERSONNE.

tu ,   te ,   toi ,   vous.

TROISIÈME PERSONNE.

il ,   ils,   elle ,   elles.
le ,   la ,   les,   lui.
eux ,   leur,   se ,   soi.
en ,   y.

68.   2° PRONOMS DÉMONSTRATIFS.

SINGULIER.   PLURIEL.

Masculin.   *Féminin.*   *Masculin.*   *Féminin.*

celui ,   celle ,   ceux ,   celles.
celui-ci ,   celle-ci ,   ceux-ci ,   celles-ci.
celui-là ,   celle-là ,   ceux-là ,   celles-là.
ce, ceci, cela, (mas. sing.)

69.   3° PRONOMS POSSESSIFS.

SINGULIER.   PLURIEL.

Masculin.   *Féminin.*   *Masculin.*   *Féminin.*

le mien ,   la mienne ,   les miens,   les miennes.
le tien ,   la tienne ,   les tiens,   les tiennes.
le sien ,   la sienne ,   les siens,   les siennes.
le nôtre ,   la nôtre ,   les nôtres,   les nôtres.
le vôtre ,   la vôtre ,   les vôtres,   les vôtres.
le leur,   la leur,   les leurs,   les leurs.

70. 4° PRONOMS RELATIFS.

qui,	à quoi,	lequel,	lesquels.
que,	dont,	laquelle,	lesquelles.
quoi,	d'où.		

71. 5° PRONOMS INTERROGATIFS.

qui.	le quel.	du quel.	au quel.
que.	la quelle.	de la quelle.	à la quelle.
quoi.	les quels.	des quels.	aux quels.
à quoi.	les quelles.	des quelles.	aux quelles.

72. 6° PRONOMS INDÉFINIS.

on.	l'un.	aucun.
quiconque.	l'autre.	certain.
autrui.	l'un et l'autre.	plusieurs.
chacun.	l'un ou l'autre.	tel.
rien.	ni l'un ni l'autre.	tout.
quelqu'un.	qui que ce soit	nul.
personne.	quoi que ce soit.	

Noms des mois.

Janvier.	Mai.	Septembre.
Février.	Juin.	Octobre.
Mars.	Juillet.	Novembre.
Avril.	Août.	Décembre.

Noms des jours.

Lundi.	Jeudi.	Samedi.
Mardi.	Vendredi.	Dimanche.
Mercredi.		

*Exercice mnémonique renfermant des noms ter-
minés par toutes les lettres qui finissent les mots.*

V. 73.

le papa,	*les* papas.	*quel* coq,	*quels* coqs.
un bec,	*des* becs.	*un* plaisir,	*des* plaisirs.
ce gant,	*ces* gants.	*le* gilet,	*les* gilets.
cette bonté.	*ces* bontés.	*ce* fichu,	*ces* fichus.
ma noisette,	*mes* noisettes.	*un* sou,	*des* sous.*
mon canif,	*mes* canifs.	*mon* bras,	*mes* bras.
le rang,	*les* rangs.	*cette* noix,	*ces* noix.
un almanach,	*des* almanachs.	*le* nez,	*les* nez.
cet ami,	*ces* amis.	*mon* couteau,	*mes* couteaux,
le kabak,	*les* kabaks.	*l'* adieu,	*les* adieux.
mon baril,	*mes* barils.	*le* signal,	*les* signaux.
un crayon,	*des* crayons.	*le* travail,	*les* travaux,
l' écho,	*les* échos.		
ce cep,	*ces* ceps.		

* Sept noms prennent un **x** au pluriel, voyez-les à la page 23.

Avis. Les jeunes enfants n'appliquent de longtemps mal et
avec tant d'hésitation la règle du pluriel, que parce que dans les
exemples qu'on leur a mis sous les yeux, ils n'ont vu que des mots
terminés par deux ou trois lettres différentes.

V. 74. ANIMAUX.

Avis. Faire copier ces noms, et seulement après déterminer
d'abord par **un, une** et **des**, puis par **le, la** et **les, ce, cet,
cette** et **ces, mon, ma** et **mes**, et par les adjectifs numéraux
depuis *deux* jusqu'au nombre vingt (en toutes lettres).

abeille.	bouc.	chauve-souris.
agneau.	bourdon.	chenille.
aigle.	brebis.	cheval.
alouette.	brochet.	chevreuil.
anguille.	cabri.	chouette.
âne.	castor.	chardonneret.
araignée.	canard.	chèvre.
autruche.	canari.	cigogne.
baleine.	caille.	cigale.
belette.	carpe.	coq.
bélier.	cerf.	colombe.
bécasse.	cerf-volant.	corbeau.
bécassine.	chevreau.	couleuvre,
biche.	chien.	cousin.
bœuf.	chat.	coucou,

N. 75.

Exercer les élèves à ajouter à tous ces noms l'adjectif *grand*
ou *grande*, *gros* ou *grosse*, *laid* ou *laide*, *beau* ou *belle*.

crocodile.	gougeon.	levraut.
crapaud.	grive.	lièvre.
cygne.	grillon.	lion.
dindon.	grenouille.	lionne.
dromadaire.	guêpe.	linot.
écrevisse.	hanneton.	linotte.
écureuil.	hareng.	limaçon.
éléphant.	hermine.	loup.
épervier.	hérisson.	loutre.
escargot.	héron.	lynx.
étourneau.	hibou.	marmotte.
fauvette.	hirondelle.	martre.
fourmi.	lapin.	mésange.
geai.	lézard.	merle.
girafe.	léopard.	mouton.

76.

Exercer les élèves à ajouter à tous ces noms un adjectif
connu et convenable ; en faire prendre de chaque terminaison.

moineau.	perche.	sangsue.
moucheron.	pigeon.	serin.
morue.	pinson.	serpent.
mulot.	pie.	singe.
mulet.	poule.	souris.
oiseau.	poulet.	taupe.
oie.	poussin.	tanche.
ours.	puce.	tigre.
paon.	rat.	tourterelle.
papillon.	renard.	tortue.
panthère.	requin.	truite.
perroquet.	rossignol.	vache.
perruche.	roitelet.	veau.
perdrix.	sanglier.	ver.
perdreau.	sansonnet.	vipère.

NOMS *commençant par la lettre* **H.**

---

77.   H MUET.

habillement.	hermitage.	horreur.
habit.	heure.	hostie.
habitant.	hirondelle.	hôte.
habitation.	histoire.	hôtel.
habitude.	historien.	huile.
haleine.	hiver.	huilier.
harmonie.	homme.	huissier.
hameçon.	hommage.	huître.
héritage.	honneur.	humeur.
héritier.	hôpital.	hymne.
héritière.	hospice.	hypocrisie.
hermite.	horloge.	hypothèque.

78.   H ASPIRÉ.

hache.	hareng.	hiérarchie.
hablerie.	haricot.	hochet.
hachette.	harnais.	horde.
hachier.	harde.	hotte.
haie.	harpe.	honte.
haillon.	hasard.	houe.
haine.	havre-sac.	houpe.
halle.	hauteur.	houblon.
hallebarde.	hémorragie.	hoquet.
halte.	héraut.	houille.
hameau.	héros.	houlette.
hanche.	héron.	houssard.
hangar.	herse.	housse.
hanneton.	hêtre.	huée.
harangue.	hiène.	hupe.
haras.	hibou.	hutte.

Noms qui ne s'emploient ordinairement qu'au singulier.

79.

limonade.	douceur.	vieillesse.
orangeade.	colère.	nourriture.
tabac.	foi.	café.
chauffage.	espérance.	crime.
cirage.	charité.	mie.
patronage.	beauté.	beurre.
pain.	laideur.	miel.
huile.	sagesse.	chocolat.
poivre.	prudence.	riz.
sel.	ignorance.	jus.
soupe.	blancheur.	laitue.
graisse.	noirceur.	chicorée.
beurre.	migraine.	duvet.
lard.	paix.	suie.
lait.	fer.	suif.
café.	cuivre.	commerce.
chocolat.	or.	flanelle.
bocal.	argent.	farine.
bétail.	regain.	poix.
volaille.	sang.	colle.
faim.	prévoyance.	paille.
soif.	encre.	savon.
prochain.	enfance.	sable.
patience.	jeunesse.	gravier.

Noms qui ne s'emploient ordinairement qu'au pluriel.

80.

broussailles.	finances.	entrailles.
fiançailles.	attraits.	décombres.
funérailles.	épinards.	abois.
représailles.	appâts.	entrefaites.
ciseaux.	matériaux.	lunettes.
mouchettes.	ancêtres.	tenailles.
reins.	pleurs.	pincettes.

5e Chapitre.

VERBES. — *Première conjugaison, en ER.*

81. 1re SÉRIE.

Chanter, aimer, afficher, approcher, attacher, bêcher, broncher, cacher, chercher, coucher, déboucher, décrocher, effaroucher, empêcher, empocher, fâcher, faucher, hacher, lâcher, mâcher, marcher, pêcher, pencher, piocher, prêcher, reprocher, retrancher, tâcher, tacher, trancher.

82. 2e SÉRIE.

aider, bombarder, border, bouder, brider, broder, commander, décider, dégrader, demander, dévider, gambader, gourmander, gronder, garder, hasarder, intimider, marchander, persuader, raccommoder, recommander, regarder, réprimander, réciter, vider.

83. 3e SÉRIE.

accabler, accumuler, afficher, affubler, assembler, avaler, bâcler, bailler, boucler, brûler, calculer, circuler, coller, combler, consoler, déballer, déboucler, défiler, démêler, dérouler, dévoiler, dissimuler, distiller, ébranler, effiler, égaler, emballer, empiler, enfiler, étaler, étrangler, exceller, exhaler, exiler, gauler, gesticuler, mêler, meubler, ourler, piler, reculer, régaler, ressembler, saler, sarcler, sceller, seller, siffler, signaler, souffler, spéculer, trembler.

84. 4e SÉRIE.

babiller, batailler, briller, brouiller, chatouiller, conseiller, débrouiller, dépouiller, déshabiller, écheniller, effeuiller, embrouiller, empailler, entortiller, étriller, éveiller, fouiller, gaspiller, habiller, mouiller, piller, réveiller, rhabiller, sautiller, sommeiller, souiller, surveiller, tirailler, travailler, veiller.

85. 5ᵉ série.

abîmer, accoutumer, alarmer, allumer, assommer, blâmer, blasphémer, calmer, chômer, déplumer, embaumer, enfermer, enflammer, entamer, estimer, exprimer, imprimer, informer, nommer, opprimer, parfumer, parsemer, présumer, rallumer, ramer, ranimer, réclamer, résumer, supprimer.

86. 6ᵉ série.

additionner, affectionner, alterner, assaisonner, assassiner, bassiner, bouillonner, boutonner, cerner, chagriner, chiffonner, cogner, combiner, condamner, crayonner, dégaîner, déjeûner, dessiner, dîner, emprisonner, enchaîner, enfourner, enluminer, entonner, environner, étonner, examiner, façonner, frissonner, gouverner, griffonner, grisonner, illuminer, importuner, incliner, jeûner, moissonner, occasionner, ordonner, peiner, perfectionner, prôner, questionner, raisonner, résonner, séjourner, soupçonner, tâtonner, terminer, traîner, vanner.

87. 7ᵉ série.

attraper, camper, couper, dissiper, échapper, envelopper, équiper, frapper, galopper, grimper, grouper, happer, occuper, piper, camper, râper, souper, tremper, tromper

88. 8ᵉ série.

appliquer, attaquer, braquer, brusquer, calquer, choquer, communiquer, compliquer, confisquer, craquer, croquer, débarquer, fabriquer, indiquer, invoquer, manquer, marquer, masquer, mastiquer, plaquer, pratiquer, provoquer, répliquer, risquer, suffoquer, trafiquer, traquer.

89.   9ᵉ SÉRIE.

accaparer, admirer, adorer, améliorer, ancrer, arborer, aspirer, assurer, attérer, attirer, barrer, bigarrer, chiffrer, cirer, coffrer, comparer, déchirer, déclarer, demeurer, déplorer, desserrer, éclairer, effleurer, égarer, émigrer, encadrer, enregistrer, enterrer, entourer, errer, expirer, prier, flairer, fourrer, implorer, manœuvrer, mesurer, murmurer, parer, raturer, recouvrer, rencontrer, respirer, séparer, serrer, soufrer, sucrer, transpirer.

90.   10ᵉ SÉRIE.

adosser, amasser, baisser, blesser, brosser, caresser, casser, cesser, chasser, chausser, confesser, danser, débourser, décrasser, dégraisser, délasser, désosser, dépenser, dispenser, disperser, dresser, écosser, embarrasser, embrasser, émousser, enchasser, engraisser, entasser, fricasser, graisser, intéresser, offenser, panser, penser, presser, récompenser, tresser.

91.   11ᵉ SÉRIE.

abuser, accuser, aiguiser, analyser, apaiser, apprivoiser, arroser, attiser, autoriser, baptiser, composer, déguiser, écraser, épuiser, excuser, favoriser, maîtriser, mépriser, oser, poser, scandaliser, solenniser, tranquilliser, utiliser.

92.   12ᵉ SÉRIE.

abriter, accepter, acquitter, adopter, argenter, arpenter, arrêter, assister, attrister, augmenter, chuchoter, colporter, compter, concerter, consulter, coûter, dater, dérouter, dicter, disputer, écarter, éclater, emprunter, enchanter, endetter, épouvanter, excepter, exciter, exécuter, exhorter, féliciter, fêter, effacer, fréquenter, gâter, goûter, guetter, hâter, hériter, hésiter, ôter, patienter, plaisanter, présenter, prêter, quêter, regretter, respecter.

93. 13ᵉ SÉRIE. *Verbes en UER, ÉER.*

accent **uer**, allouer, avouer, attribuer, bafouer, continuer, contribuer, déshabituer, diminuer, discontinuer, distribuer, éternuer, évaluer, fatiguer, graduer, habituer, influer, instituer, jouer, léguer, louer, nouer, ponctuer, remuer, restituer, saluer, substituer, suer, tuer.

agr **éer**, désagréer, créer, recréer, gréer, suppléer (1)

94. 14ᵉ SÉRIE. *Verbes en IER.*

appréc **ier**, approprier, associer, balbutier, certifier, colorier, communier, confier, contrarier, copier, crier, délier, dénier, déplier, différencier, envier, estropier, étudier, expédier, fortifier, humilier, injurier, justifier, lier, multiplier, négocier, orthographier, oublier, parier, publier, prier, qualifier, remercier, scier, supplier, varier.

95. 15ᵉ SÉRIE. *Verbes en CER.*

annon **cer**, avancer, balancer, bercer, courroucer, déplacer, devancer, effacer, enfoncer, espacer, exaucer, exercer, forcer, grimacer, influencer, lancer, menacer, nuancer, percer, pincer, placer, prononcer, quittancer, rapiécer, remplacer, rincer, scier, sucer, tracer.

96. 16ᵉ SÉRIE. *Verbes en GER.*

affli **ger**, allonger, arranger, avantager, changer, charger, corriger, dédommager, déloger, déménager, déranger, désobliger, échanger, engager, endommager, exiger, forger, gager, interroger, juger, loger, manger, nager, négliger, obliger, ombrager, partager, ravager, songer, soulager, vendanger, voyager.

---

(1) Les verbes en *éer* ont deux é é au participe. Exemple : *agréé*; ils en ont trois, s'il est au féminin ; exemple : une demande *agréée*.

97. 17ᵉ SÉRIE. *Verbes en ELER, ETER.*

app **eler**, amonceler, atteler, chanceler, dételer, déficeler, épeler, ficeler, marteler, niveler, peler, rappeler, renouveler, ressemeler.

j **eter**, cacheter, décacheter, déjeter, dépaqueter, empaqueter, épousseter, marqueter, projeter, rapiéceter, rempaqueter, souffleter, vergeter.

98. 17ᵉ SÉRIE. (bis.)

Ces verbes ne doublent pas la consonne devant un **e** muet.

bourr **eler**, écarteler, déceler, griveler, harceler, marteler, peler, acheter, béqueter ou becqueter, colleter, crocheter, haleter, racheter, étiqueter.

99. 18ᵉ SÉRIE.

alt **érer**, allécher, céder, célébrer, considérer, disséquer, dessécher, digérer, empiéter, espérer, gérer, inquiéter, interpréter, lécher, opérer, pécher, préférer, précéder, procéder, répéter, révéler, révérer, refléter, sécher, succéder, végéter.

abréger, agréger, alléger, assiéger, protéger, siéger. (Les verbes en *éger* ne changent jamais l'accent aigu.) (*Académie.*)

100. 19ᵉ SÉRIE.

amener, achever, élever, enlever, lever, mener, emmener, parsemer, peser, prélever, promener, relever, soulever.

101. 20ᵉ SÉRIE. *Verbes en YER.*

bala **yer**, bégayer, délayer, effrayer, essayer, frayer, payer, rayer.

bro **yer**, côtoyer, coudoyer, déployer, employer, envoyer, noyer, octroyer, ployer, tutoyer.

appu **yer**, ennuyer, désennuyer, essuyer.

Deuxième conjugaison.—Verbes en IR.

102.   1re SÉRIE.

Finir. — Accomplir, adoucir, affaiblir, affermir, affranchir, amollir, appauvrir, aplanir, applaudir, arrondir, assainir, assortir, assujétir, attendrir, avertir, bâtir, bénir, blanchir, chérir, compâtir, démolir, éblouir, éclaircir, élargir, embellir, enfouir, enhardir, enrichir, ensévelir, établir, fléchir, flétrir, fournir, franchir, garantir, gémir, grandir, grossir, guérir, haïr, jouir, languir, maigrir, noircir, obéir, pâlir, pâtir, pétrir, rafraîchir, rajeunir, ralentir, réfléchir, remplir, rétrécir, réussir, rôtir, trahir, unir.

103.   2e SÉRIE.

Ouvrir.—Couvrir, découvrir, entr'ouvrir, recouvrir, rouvrir, offrir, mésoffrir, souffrir. **Tenir.** — S'abstenir, appartenir, contenir, détenir, entretenir, maintenir, obtenir, retenir, soutenir. **Venir.**—Circonvenir, convenir, devenir, disconvenir, intervenir, parvenir, prévenir, provenir, ressouvenir, redevenir, revenir, se souvenir, subvenir, survenir. **Sentir.**—Consentir, mentir, pressentir, ressentir, démentir. **Sortir.** — Ressortir. **Dormir** — Endormir, désendormir, rendormir **Partir.**—Repartir, répartir, se départir. **Servir.** — Desservir. **Courir.** — Accourir, concourir, discourir, encourir, parcourir, recourir, secourir. **Cueillir.**—Accueillir, recueillir. **Acquérir.**—Conquérir, s'enquérir, reconquérir, requérir. **Vêtir.** — Revêtir. **Fuir.** — S'enfuir.

Bouillir, faillir, ouïr, saillir, assaillir, tressaillir.

Troisième conjugaison.—Verbes en OIR.

104.

Recevoir. — Apercevoir, concevoir, percevoir, devoir, redevoir, choir, déchoir, échoir, entrevoir, émouvoir, falloir, mouvoir, pleuvoir, pourvoir, pouvoir, prévoir, prévaloir, équivaloir, s'asseoir, savoir, seoir, surseoir, valoir, voir, revoir, vouloir, avoir.

Quatrième conjugaison. — Verbes en RE.

105. 1re SÉRIE.

Rendre.—Pendre, apprendre, dépendre, suspendre, tendre, attendre, détendre, sous-entendre, retendre, entendre, vendre, prétendre, revendre, descendre, condescendre, redescendre, fendre, défendre, refendre.

106. 2e SÉRIE.

Fondre.— Confondre, refondre, pondre, correspondre, répondre, tondre. **Mordre.**—Démordre, remordre, tordre, détordre, retordre. — **Coudre.** — Découdre, recoudre. — **Répandre**. — Épandre. — Perdre.

107. 3e SÉRIE.

Joindre. — Adjoindre, déjoindre, disjoindre, conjoindre, enjoindre. **Craindre.**—Contraindre, plaindre. **Peindre.**—Dépeindre, repeindre, éteindre, astreindre, restreindre, enfreindre, ceindre, enceindre, feindre, teindre, atteindre, déteindre, éteindre, reteindre.

108. 4e SÉRIE.

Connaître. — Méconnaître, reconnaître, paraître, apparaître, comparaître, disparaître. **Croître.** — Accroître, décroître, recroître. **Conduire.**—Reconduire, déduire, enduire, induire, introduire, produire, réduire, traduire, construire, détruire, instruire. — **Lire.** Élire, réélire, relire.— **Plaire**. Complaire, déplaire.— **Faire**. Refaire, se **taire** — **Contredire**, interdire, médire, prédire, cuire, naître.

109. 5e SÉRIE.

Battre. — Abattre, combattre, débattre, s'ébattre, rabattre, rebattre. **Mettre.** — Admettre, commettre, compromettre, démettre, émettre, omettre, permettre, promettre, remettre, soumettre, transmettre. **Conclure.** — Exclure. **Écrire.** — Décrire, circonscrire, inscrire, prescrire, récrire, souscrire, transcrire. **Rire.**—Sourire. **Rompre.** — Corrompre, interrompre. **Suivre.** — Poursuivre. **Vaincre.** — Convaincre, dire, redire.

6ᵉ Chapitre.

MOTS INVARIABLES, (4 espèces.)

C'est-à-dire qui s'écrivent toujours de la même manière.

110.

1° Adverbes. 2° Prépositions. 3° Conjonctions. 4° Interjections.

abondamment (1).		aussi.	ah !
ailleurs.	après.	car.	ha !
ainsi.	avant.	comme.	eh !
alentour.	avec.	donc.	hé !
alors.	chez.	et	ô !
assez.	concernant.	lorsque.	oh !
aujourd'hui.	contre.	mais.	ho !
auparavant	dans.	ni.	aïe !
aussi.	de	or.	bravo!
aussitôt.	depuis.	ou (ou bien).	chut !
autant.	derrière.	pourquoi.	eh bien !
autrefois.	dès.	puisque.	hé bien !
beaucoup.	devant.	que.	fi !
bientôt.	durant.	quand.	gare !
cependant.	en.	quoique.	hélas !
certes.	entre.	si.	holà !
combien.	envers.	sinon.	quoi !
comment.	environ.	soit.	silence !

111. *Suite des Adverbes.*

davantage.	hier.	parfois.	quant.
debout.	ici.	partant.	(*quant à moi.*
dedans.	jadis.	partout.	*j'y consens.*)
dehors.	incognito.	pas.	quasi.
déjà.	incontinent.	peu.	quelquefois.
demain.	jamais.	pis.	récemment.
désormais.	là.	plus.	soudain.
dessous.	loin.	plus tôt.	souvent.
dessus.	longtemps.	(*plus vite.*)	surtout.
dorénavant.	maintenant.	plutôt.	tant.
encore.	mieux.	(*aimer mieux.*)	tantôt.
enfin.	moins.	point.	tard.
ensemble.	naguère.	pourtant.	tôt.
ensuite.	naguères.	précisément.	toujours.
exprès.	néanmoins.	presque.	toutefois.
gratis.	non.	puis.	très.
guère.	où.	quand.	trop.
guères.	oui.	(*viendra-t-il.*)	volontiers.

(1) On forme de même beaucoup d'autres adverbes en ajoutant **ment** à la terminaison de l'adjectif.

112. *Adverbes composés.*

à contre-cœur.	avant-hier.	en suspens.	sans contredit.
à foison.	à verse.	en vain.	sans doute.
à jeun.	çà et là.	mainte fois.	sur-le-champ
à l'avenir.	c'est-à-dire.	non seulement.	tant mieux.
à l'envi.	d'abord.	ne pas.	tant pis.
à l'improviste.	d'ailleurs.	ne point.	tête-à-tête.
à outrance.	de bonne heure.	par-ci par-là.	tour à tour.
à-peu-près.	d'emblée.	par mégarde.	tout à coup.
à-propos.	de plain-pied.	pêle-mêle.	tout à fait.
à rebours.	de sang-froid.	peu-à-peu.	tout à l'heure.
a reculons.	en arrière.	peut-être.	tout d'un coup.
à tâtons.	en sursaut.	sans cesse.	vaille que vaille.

113. *Suite des prépositions.*

pour.	selon.	sur.	voici.
sans.	sous.	touchant.	voilà.
sauf.	suivant.	vers.	(pour vois là.)

Prépositions composées.

à cause de.	au-delà de.	d'après.	près de.
à l'instar de.	auprès de.	en deçà de.	proche de.
à l'insu de.	autour de.	lors de.	vis-à-vis de.

114. *Signes pour la ponctuation.*

,	*virgule.*	ï	*tréma.*
;	*point-virgule.*	-	*trait d'union.*
:	*deux points.*	—	*tiret.*
.	*point.*	« »	*guillemets.*
?	*point interrogatif.*	§	*paragraphe.*
!	*point exclamatif.*	( )	*parenthèses.*
...	*points suspensifs.*	[ ]	*crochets.*
l'	*apostrophe.*	*	*astérisque.*

115. *Abréviations.*

M^r ou M.	*Monsieur.*	P. S.	*Post-scriptum.*
MM.	*Messieurs.*	Ex.	*Exemple.*
Mme	*Madame.*	7.bre	*Septembre.*
Melle.	*Mademoiselle.*	8.bre	*Octobre.*
M^e.	*Maître.*	9.bre	*Novembre.*
M^d.	*Marchand.*	x.^{bre}	*Décembre.*
Le S^r.	*Le Sieur.*	N^o.	*Numéro.*
V^e.	*Veuve.*	P^{er}.(ère)	*Premier (ère au f.)*
S. M.	*Sa Majesté.*	2e.	*Deuxième.*
S.A.R.	*Son Altesse Royale.*	D^{er}.(ère)	*Dernier (ère) au f.)*
S. E.	*Son Eminence.*	Etc.	*Et cétera.*
C.A.D.	*C'est-à-dire.*	T.S.V P.	*Tournez s'il vous plaît.*

VERBE ÊTRE.

1er Mode. INDICATIF.

1er *Temps. Présent.*

Je sui s.
Tu e s.
Ma sœur* es t.
Nous somme s.
Vous ête s.
Me s sœurs son t.

2e *Temps. Imparfait.*

J'étai s.
Tu étai s.
Ma cousine étai t.
Nous étion s.
Vous étie z.
Me s cousine s étaien t.

3e *Temps. Passé défini.*

Je fu s.
Tu fu s.
Ma nièce fu t.
Nous fûme s.
Vous fûte s.
Me s nièce s furen t.

4e *Temps. Passé indéfini.*

J'ai été.
Tu a s été.
Marie a été.
Nous avon s été.
Vous ave z été.
Marie et Julie ont été.

5e *Temps. Passé antérieur.*

J'eu s été.
Tu eu s été.
Elle eu t été.
Nous cûme s été.
Vous eûte s été.
Elles euren t été.

6e *Temps. Plus-que-parfait.*

J'avai s été.
Tu avai s été.
Elle avai t été.
Nous avion s été.
Vous avie z été.
Elle s avaien t été.

7e *Temps. Futur simple.*

Je serai.
Tu sera s.
Elle sera.
Nous seron s.
Vous sere z.
Elle s seron t.

8e *Temps. Futur passé.*

J'aurai été.
Tu aura s été.
Elle aura été.
Nous auron s été.
Vous aure z été.
Elle s auron t été.

2e Mode. CONDITIONNEL

1er *Temps. Présent.*

Je serai s.
Tu serai s.
Elle serai t.
Nous serion s.
Vous serie z.
Elles seraien t.

2e *Temps. Passé.*

J'aurai s été.
Tu aurai s été.
Elle aurai t été.
Nous aurion s été.
Vous aurie z été.
Elles auraien t été.

* **Les** filles mettront *mon frère*; elles diront : *je suis grand* e, *tu es grand* e, *mon frère est grand, nous sommes grand* es, *vous êtes grand* es, *mes frères sont grands.*

Autre conditionnel passé.

J'eus **se** été.

Tu eus **ses** été.

Elle eû **t** été.

Nous eussion **s** été.

Vous eussie **z** été.

Elle **s** eusse **nt** été.

3ᵉ Mode. IMPÉRATIF.

Soi **s**

Soyon **s**.

Soye **z**.

4ᵉ Mode. SUBJONCTIF.

1ᵉʳ Temps. *Présent ou futur.*

Que je soi **s**.
Que tu soi **s**.
Que ma sœur soi **t**
Que nous soyon **s**.
Que vous soye **z**.
Que me **s** sœur **s** soie*n* **t**

2ᵉ Temps. *Imparfait.*

Que je fusse.

Que tu fusse **s**.

Qu'elle fût.

Que nous fussion **s**.

Que vous fussie **z**.

Qu'elle **s** fusse*n* **t**.

3ᵉ Tems. *Passé.*

Que j'ai **e** été.
Que tu ai*e* **s** été.
Que ma tante ai **t** été.
Que nous ayon **s** été.
Que vous aye **z** été.
Que me **s** tante **s** aien **t** été.

4ᵉ Temps. *Plus-que-parfait.*

Que j'eusse été.

Que tu eusse **s** été.

Qu'elle eû **t** été.

Que nous eussion **s** été.

Que vous eussie **z** été.

Qu'elle **s** eusse*n* **t** été.

5ᵉ Mode. INFINITIF.

1ᵉʳ Temps. *Présent.*

Être.

2ᵉ Temps. *Infinitif passé.*

Avoir été.

3ᵉ Temps. *Participe présent.*

Étant.

4ᵉ Temps. *Participe passé.*

Été, ayant été.

Avis. Les matières contenues dans ce volume peuvent occuper les commençants pendant une année. Un second volume, embrassant le système de la conjugaison, mise à la portée de l'enfance, paraîtra dans le courant de l'année, et renfermera des exercices que les élèves devront faire pendant leur deuxième année d'étude. Dans cette partie, ils reverront l'orthographe pratique sur laquelle il est important de revenir souvent, se fortifieront sur les variations grammaticales et seront familiarisés avec l'analyse. C'est alors seulement qu'il convient de leur faire étudier par cœur une grammaire théorique. Celle publiée par un inspecteur du canton de Pange, peut être considérée comme le complément de mon ouvrage; elle se recommande par des principes, *simples, clairs,* par un choix judicieux de matières, et par la modicité du prix.